Redressement du Compte Berthier et Cie établi d'après les fournitures réellement faites, et présenté par Mr Tuteaux.

A Messieurs les Arbitres Jugeux.

Messieurs,

Vous êtes appelés à prononcer sur une affaire grave et importante. Dans cette affaire, dont le chiffre dépasse Onze Millions, Mr Tuteaux prétend qu'une somme de plus de Deux Millions a été détournée par MM. Lefaure. Cette assertion pourrait vous sembler exagérée; Votre opinion changera, lorsque vous saurez que les travaux de fortifications procurés par Mr Tuteaux, ont dû présenter des bénéfices énormes, Vu le faible rabais auquel Mr Tuteaux les avait obtenus du Ministre;(1) et de plus, leur position avantageuse; ainsi que la facilité des arrivages des matériaux. Cependant, la comptabilité de Mr Lefaure, oncle, ne présente que des pertes.

Pour mettre de l'ordre dans cette immense question, Mr Tuteaux la divise en quatre cathégories Savoir:

1° Compte Berthier. 13.926

rabais n'était que de 2f 50c %; Or les entrepreneurs qui avaient soumissionné de semblables travaux 50 % ont, malgré ce fort rabais, réalisé d'assez bénéfices.

2.º Paye générale des Ouvriers —
Recettes et Escomptes.

3.º Pierre, Moellon, Chaux, Sable et
Cailloux, à l'égard de quelques Fournisseu[rs]
Seulement ;

4.º Meulière, Bois, Chevaux et
Fourrages, &c. &c.

Le Compte Berthier, un des moin[s]
importants de ceux qui seront soumis [à]
Messieurs les Arbitres, donnera déjà l[a]
mesure de la conduite de M.r Lefaure, on[cle]
et de celle de ses Neveux.

Aux termes de l'Acte de Société (Art. [..]
dont copie est ci-jointe, (pièce N.º 1) il était interdi[t]
aux associés de se livrer à aucune entreprise étrangè[re]
à la Société ; Cependant, non seulement MM. Lefaur[e]
ont violé cette Clause de l'acte de Société ; en e[xécu]
-tant des travaux de Constructions dans différe[nts]
quartiers de Paris ; et en faisant enlever sans
prévenir avec les équipages de la Société des
matériaux sur les Chantiers⁽¹⁾ pour édifier part[ie]
de ces Constructions ; mais encore M.r Lefaure
oncle, a fait abus de l'autorité qu'il avait sollici[té]
des banquiers bailleurs de fonds ; et cette autori[té]
il est parvenu à l'étendre de jour en jour. Ce n'éta[it]
pas assez pour lui d'avoir fait modifier adroit[e]
-ment, et à plusieurs reprises, les termes de l'ac[te]
de Société primitif pour se faire attribuer tous l[es]
pouvoirs ; il a voulu encore, de son chef, malgré la défe[nse]
formelle de l'acte de Société, s'en attribuer de plu[s]
grands, en s'arrogeant celui de conclure seul [des]
marchés considérables et onéreux ; non à lui, [mais]
à l'entreprise : Entr'autres exemples on citera l[e]
marché Rousseau frères pour la Chaux.

(1) Des Fortifications.

On dévoilera aussi, dans d'autres exposés, diverses malversations où des détournements frauduleux ont été beaucoup plus considérables encore que dans l'affaire Berthier, quoique cependant plus de trois cent mille francs aient été enlevés dans cette seule affaire; détournements dont Mr Puteaux a les preuves, et sur lesquels il donnera tous les éclaircissements, malgré l'absence de pièces réclamées depuis si longtemps à Mr Lefaure.

Pour le moment, on se renfermera dans le compte Berthier, dans Mr Lefaure oncle était le premier agent en sociétaire. On y remarquera la manière adroite dont les sommes étaient enlevées en détail pour passer inaperçues. (1)

Mr Puteaux fait remarquer que sur cette seule affaire Berthier, minime en comparaison de celles qui se traitaient jour= nellement, puisque ce fournisseur, ainsi qu'on le démontrera ci-après, n'a réellement livré que pour soixante mille francs environ de Moellon et de Chaux, Mr Lefaure oncle a trouvé moyen, malgré cela, d'enlever dans cette seule affaire, à la Caisse Sociale, des Sommes Considérables, à l'aide de faux bons et de fausses écritures; ainsi que cela sera prouvé par des documents incontestables.

Dans le Compte Berthier et Cie, Mr Puteaux admet la quantité de huit-mille-trente-six mètres quatre-vingt-sept centimètres Cubes de moellon, formant la totalité réelle des livraisons pendant les années 1841, 1842 et 1843, ainsi qu'il résulte d'un relevé de Mr Le Géant de la Gare de St Ouen, seul lieu des arrivages du moellon Berthier (V. N°2) ci.. 8,036.87 m²

Cependant Mr Lefaure oncle n'a pas craint d'employer des manœuvres coupables pour faire créditer Berthier, sur les livres de la société, de la quantité de seize-mille-six cent-cinquante-un mètres quatre-vingt-quinze centimètres Cubes de Moellon, ci 16,651.95

Différence en plus huit-mille-six cent-quinze mètres, huit-centimètres, ci 8,615.08

Et c'est par de tels moyens que ces huit mille-six cent quinze mètres, ——

---

(1) Voir :

° Les articles des 6, 13, 21 et 29 Juillet 1841 du Débit du Compte, montant à 27,500f tandis que les fournitures faites pendant les mois de Juin et de Juillet ne s'élèvent au Crédit du même Compte qu'à 4,559f 30c.

° Les Articles des 15, 22, 25 et 29 Janvier 1842 du Débit, montant à 18,250f, tandis que les fournitures pendant le même mois ne s'élèvent qu'à 4,856f 10c.

° Les Articles au Débit du mois de Mai 1842, montant à 38,000f tandis que les fournitures portées au Crédit du même mois ne montent qu'à 13,914f 10c.

Enfin, en examinant la date de tous les versements, on verra que les sommes reçues forment un excédant de fournitures, intérêts compris, de 264,000 francs.

4.

huit centimètres, ont été payés, transport compris
bien qu'ils n'aient jamais été livrés. C'est donc
quatre vingt six mille cent cinquante francs quatre
vingts centimes, que Mr Lefaure oncle et Berthier, de
concert ensemble, se sont appropriés.

M. Puteaux fait encore remarquer que d'après
le marché signé par les associés avec Berthier, en date du
2 Mai 1841, dont copie est ci-annexée (P.e N.o 3) la
Société Berthier devait livrer son Moellon sur les
travaux à pied d'œuvre, moyennant 7f 50c le mètre
cube (prix le plus élevé du moellon livré par d'autres
fournisseurs sur le même point de la ligne); Que
n'ayant amené ledit moellon qu'à la gare, et Que
et Mr Lefaure, oncle, s'étant de son autorité privée
chargé de le faire transporter de ce lieu sur les travaux
il est résulté de cette dérogation au marché une Dépense
pour chargement, transport par voitures et déchargement,
ment, de 2f 50c au moins par mètre (P.e N.o 4), que
Mr Lefaure a fait supporter à tort à la Société. En
Conséquence, Mr Puteaux, se renfermant dans les termes
du marché, réduit dans ce compte le prix du moellon fourni
par la Société Berthier à 5f le mètre cube, pris
à la gare.

A l'égard des fournitures de chaux
Mr Puteaux ne peut admettre les quantités
portées sur les livres, par la raison qu'il est plus
que certain que ce genre de fourniture, prêtant encore
plus facilement à la fraude, a été, sans aucun doute
l'objet de dilapidations plus grandes encore que ce
qui ont eu lieu sur le moellon. Car sur les quantités
chaux portées au compte général des matières, 9
mille mètres cubes n'ont jamais été livrés. Il y
aura donc lieu de réduire cette fourniture au moins
de moitié, d'autant plus que Mr Lefaure, oncle, ne
présente à l'appui des fournitures de chaux que
des factures douteuses. Les factures, d'ailleurs
ne peuvent avoir d'authenticité que si elles ont

5

été inscrites, jour par jour, sur les carnets des commis chargés de la réception des matériaux sur les chantiers. Or, il est impossible d'admettre la fourniture entière, puisque la plupart des carnets ne sont pas représentés. Cependant, comme Mr. Puteaux a compris, sans réduction dans le compte, la totalité des fournitures de Chaux de Berthier et Cie, telles qu'elles sont portées sur les livres, fournitures qui, intérêts compris jusqu'au 31 Xbre 1845, s'élèvent à la somme de Cinquante deux mille quatre-vingt-six francs vingt quatre Centimes; il y aura lieu de retrancher du Crédit du Compte Berthier la somme de Vingt Six mille quarante trois francs douze Centimes; Cette réduction est d'autant plus juste, qui indépendamment de la perte de la 1re moitié qui certainement n'a point été fournie, la Société a encore eu à supporter des préjudices résultant de la qualité inférieure de celle livrée; qualité qui a souvent attiré des plaintes graves de la part des Officiers du Génie.

De même encore, pour l'affaire Berthier, Mr. Lefaure oncle aura à restituer d'abord une somme de Quarante mille francs au moins, sortie de la Caisse Sociale, pour de nombreux travaux exécutés à la Carrière de Montalais pour le compte de MM. Berthier, et Lefaure (Pièce No 5), travaux qui, de notoriété publique, étaient immenses; Plus, toutes les sommes qu'il a remises à Berthier, à titre d'avances, en excédant celles qui devaient légalement figurer à son Crédit.

Mr. Puteaux n'ayant nullement approuvé et ayant même ignoré les opérations de toute nature que Mr. Lefaure s'est permis de faire avec Rousseau, Berthier et Cie, relativement à la carrière de Montalais, persiste à repousser ces opérations

comme lui étant étrangères et d'ailleurs comme
inutiles à la société, puisqu'alors les travaux
de fortifications touchaient à leur fin, inutile
aussi à Mr. Lefaure lui-même s'il n'avait
de connivence avec Berthier et que celui-ci eut
été autre chose que son prête-nom.

Cependant Mr. Puteaux ne refuse pas de
diminuer, s'il y a lieu, sur la somme de Trois
cent trente mille six cent soixante sept francs
trente cinq centimes dont Mr. Lefaure oncle doit
restitution à la Caisse sociale pour l'affaire
Berthier les sommes minimes qu'il aurait
pu faire rentrer sur cette acquisition si inconce-
vable et de si nulle valeur. Cette acquisition, ainsi
qu'il est facile de le reconnaître, doit être réputée
personnelle à Mr. Lefaure, ou bien il est
impossible de poser une limite aux pouvoirs
qu'il aurait cru devoir s'arroger.

Tel est relativement à l'affaire Berthier, le
fidèle que le Soussigné livre à l'appréciation im-
partiale de Messieurs les Arbitres. Il le fera suivre
successivement de trois autres qu'il a annoncés
au commencement de ce mémoire. Par ce moyen
Mr. Imbert, chargé de la vérification de la
Comptabilité pourra faire un rapport sur chaque
Catégorie, et la religion de Messieurs les Arbitres
se trouvera mieux éclairée pour prononcer leur
jugement sur l'ensemble de cette grande affaire
qui ne finirait jamais si l'on attendait le bon
vouloir de MM. Lefaure, car depuis bientôt
dix huit mois que les pièces indispensables de sa
gestion leur sont réclamées, ils n'en ont encore remis
qu'une partie.

Compte Berthier et Cie, dont la teneur suit.

———————————

Ce Compte constitue Mr Lefaure, oncle, débiteur d'une somme de trois cens trente mille six cens soixante sept francs trente cinq Cis, intérêts compris, jusqu'au trente un décembre mil huit cens quarante cinq.

Ces intérêts sont calculés comme suit :

1° Six pour cent l'an ;
2° Un demi pour cent de Commission pour trois mois.

Taux auquel Mr Lefaure faisait des emprunts au nom de la Société.

———————————

Doit Mrs Berthier et Cie L/C avec M...

1841. Montant et Époques des Encaissements.						
Juillet	6.	5,000.	"	Val. an 20 7bre	102.	51, 0
	13.	10,000.	"	Val. an 10 8bre	82.	82, 0
	24.	2,500.	"	Espèces	160	40, 0
	29.	10,000.	"	Val. an 10 9bre	51	51, 0
Août	6.	3,000.	"	Espèces	147	44, 1
	10.	1,000.	"	id.	143	14, 3
	19.	1,000.	"	id.	134	13, 2
	26.	3,000.	"	Val. an 31 X^{bre}	"	
7bre	2.	"	"	B^{et} de 10,000^f payable le 15 Janvier 1842	"	
	21.	3,000	"	Espèces	101.	30, 3
8bre	2.	"	"	B^{et} de 10,000^f payable le 10 février 1842	"	
	21.	2,000	"	Espèces	71	14, 2
	25.	750	"	id.	67	5, 0
	30	2,000	"	id.	62	12, 4
	"	"	"	B^{et} de 8,000^f payable le 15 Mars 1842	"	
9bre	13.	1,000.	"	Espèces	48.	4, 8
	"	"	"	B^{et} de 2000^f payable le 15 Mars 1842	"	
	30	1000.	"	Espèces	31	3, 1
X^{bre}	4	3000.	"	id.	27	8, 1
	"	"	"	B^{et} de 6000^f payable le 31 Mars 1842	"	
	15	1000.	"	Espèces	16.	1, 0
	"	"	"	B^{et} de 2000^f payable le 10 avril 1842	"	
		49,250.	"			375,
		465.	67	Pour 279,402 N, divisé par 6		
		155.	22	Pr Commiss^{on} à 1/2 % p. 3 mois		
		49,870.	89.			

M. Lefaure et Cie. arrêté au 31 Xbre 1841. — Avoir.

1841. Époques auxquelles les payements des Fournitures devaient être faits.						
Juin	30	960.	90	Pr. la 1re 1/2 de 2f. fre de 384m 37e. de moellon en Juin	184	17,680
Juillet	31	1318.	75	___ id. ___ de 527.50. ___ id. ___ en Juillet	153	20,176
Aoust	31	1370.	30	___ id. ___ de 548.13. ___ id. ___ en Aoust	122	16,717.
7bre	30	1835.	90	.... id .... de 734.37. ... id en 7bre....	92	16,890.
8bre	31	960.	95	Pr. la 2e 1/2 de 2f. fre de Juin....	61	5,861.
"	"	1648.	45	Pr. la 1re 1/2 de 2f. fre de 659.38 de moellon en 8bre....	61	10,055.
9bre	30	1318.	75	Pr. la 2e 1/2 de 2f. fre de Juillet....	31	4,088.
"	30	1437.	50	Pr. la 1re 1/2 de 2f. fre de 575.00 de moellon en 9bre....	31	4,456.
Xbre	31	1370.	35	Pr. la 2e 1/2 de 2f. fre d'Aoust....	"	"
"	31	679.	65	Pr. la 1re 1/2 de 2f. fre de 271.87 de moellon en Xbre....	,	,
				Balance des nombres..........		95,923.
						279,402.
						375,325.
	12,901.	50				
	36,969.	39.	Balance pour Solde à nouveau			
	49,870.	89.				

Doit   Mrs Berthier et Cie L/C avec M[C...]

Mois	Jour	Montant	c.	Désignation		
Janvier 1842	1	36,969	39	Solde au 31 X^bre 1841	365	1,349,_
	15	10,000	"	B^et du 2 7bre 1841	350	350,_
	"	500	"	Espèces	350	17,_
	22	2,000	"	Val. au 20 avril	255	51,_
	25	750	"	Espèces	340	25,_
	29	7,000	"	Val. au 15 Mai	230	161,_
	"	8,000	"	Val. au 31 Mai	214	171,_
Février	10	10,000	"	B^et du 2 8bre 1841	324	324,_
	"	500	"	Espèces	324	16,_
	12	2,000	"	Val. au 10 Juin	204	40,_
	28	7,000	"	Val. au 15 Juillet	169	118,_
Mars	5	9,000	"	Val. au 20 Juillet	164	147,_
	15	8,000	"	Bill^et du 30 8bre 1841	291	232,_
	"	2,000	"	B^et du 13 9bre 1841	291	58,_
	"	2,000	"	Val. au 10 août	143	28,_
	23	500	"	Espèces	283	14,_
	24	500	"	id	282	14,_
	27	500	"	id	279	13,_
	30	3,000	"	Val. au 10 août	143	42,_
	31	6,000	"	Bil^et du 4 X^bre 1841	275	165,_
Avril	9	8,000	"	Val. au 30 Juin	184	147,_
	"	6,000	"	Val. au 31 août	122	73,_
	10	2,000	"	B^et du 15 X^bre 1841	265	53,_
	15	2,000	"	Espèces	260	52,_
	"	3,000	"	Val. au 20 Juillet	164	49,_
	17	1,000	"	Espèces	258	25,_
	27	1,000	"	id	248	24,_
	30	6,000	"	id	245	147,_
	"	8,000	"	Val. au 5 7bre	117	93,_
Mai	3	3,500	"	Val. au 21 Mai	224	78,_
	6	1,000	"	Espèces	239	23,_
	13	6,000	"	Val. au 20 Juillet	164	98,_
	"	7,000	"	Val. au 25 août	128	89,_
	"	6,000	"	Val. au 17 7bre	105	63,_
	"	6,000	"	Val. au 15 8bre	77	46,_
	14	2,500	"	Espèces	231	57,_
à Reporter		185,219	39			4,465,_

M. Lefaure et Cie, arrêté au 31 Xbre 1842. — Avoir.

1842		Francs	c.			
Janvier	31	1,835	95	Pr la 2e 1/2 de 2/ fre de moëllons, en 7bre 1841		
"	"	590	60	Pr la 1re 1/2 de 2/ fre de 236.25 moëllons en Janvier 1842	334	81,046
Février	28	1648	45	Pr la 2e 1/2 de 2/ fre moëllons en 8bre 41		
"	"	429	65	Pr la 1re 1/2 de 2/ fre de 171.87 de moëllons en fevrier 42	306	63,589
Mars	31	1437	50	Pr la 2e 1/2 de 4/ fre de moëllons en 9bre 41		
"	"	2164	05	Pr la 1re 1/2 de 2/ fre de 865.62 de moëllons en Mars 42	275	99,042
Avril	30	679	70	Pr la 2e 1/2 de 2/ fre de moëllons en Xbre 41		
"	"	2296	85	Pr la 1re 1/2 de 2/ fre de 918.75 de moëllons en avril 42	245	170,447
"	.	3,980	50	Pr la 1re 1/2 de 2/ fre de 209.50 de champ en avril 42		
Mai	31	2625	.	Pr la 1re 1/2 de 2/ fre de 1050.00 de moëllons en Mai 42		
"	"	590	65	Pr la 2e 1/2 de 2/ fre de moëllons en Janvier 1842	214	114,195
"	"	2120	59	Pr la 1re 1/2 de 2/ fre de 111.61 de champ, en Mai 42		
Juin	30	429	70	Pr la 2e 1/2 de 2/ fre de moëllons, en Février 42		
"	"	1000	"	Pr la 1re 1/2 de 2/ fre de 400 moëllons, en Juin 42	184	90,091
"	"	3466	55	Pr la 1re 1/2 de 2/ fre de 182.45 de champ, en Juin 42		
Juillet	31	2164	05	Pr la 2e 1/2 de 2/ fres de moëllons en Mars 42		
"	"	406	27	Pr la 1re 1/2 de 2/ fres de 162.51 de moëllons, en Juillet 42	153	54,561
"	"	995	79	Pr la 1re 1/2 de 2/ fres de 52.41 de champ en Juillet 42		
Aoûn	31	2295	90	Pr la 2e 1/2 de 2/ fres de moëllons en avril 42		
"	"	3980	50	Pr la 2e 1/2 de 2/ fres de Champ, en avril 42	122	134,576
"	.	4753	42	Pr la 1re 1/2 de 2/ fres de 250.18 de champ en Aoûn 42		
7bre	30	3.128	54	Pr la 1re 1/2 de 2/ fres de 164.66 de Champ, en 7bre 42		
"	"	2625	"	Pr la 2e 1/2 de 2/ fres de moëllons en Mai 42	92	72,441
"	"	2120	59	Pr la 2e 1/2 de 2/ fres de Champ en Mai 42		
8bre	31	1769	47	Pr la 1re 1/2 de 2/ fres de 93.13 de champ en 8bre 42		
"	"	1000	"	Pr la 2e 1/2 de 2/ fres de moëllons en Juin 42	61	38,039
"	.	3466	55	Pr la 2e 1/2 de 2/ fres de Champ, en Juin 42		
9bre	30	406	28	Pr la 2e 1/2 de 2/ fres de moëllons, en Juillet 42		
"	"	995	79	Pr la 2e 1/2 de 2/ fres de Champ, en Juillet 42	31	4,346
Xbre	31	4753	42	Pr la 2e 1/2 de 2/ f de chaux, en Aoûn 42		
		60,158	31			922,373

Mois	Jour	Francs	c.	Désignation	Folio	Montant
Report		185,219	39			4, 465, 2.
Mai	21	1,000	"	Espèces	224	22, 2
	31	2,000	"	id.	214	42, 80
	"	3,000.	"	Val. au 20. 7bre	102	30, 60
Juin	4	5,000	"	Espèces	210	105, 00
	"	8,000	"	Val. au 20. 8bre	72	57, 6
	11	1,500	"	Espèces	263	30, 4
	18	1,500	"	id.	196	29, 4
	30	1,000	"	id.	184	18, 4
	"	5,000	"	id.	184	92, 00
	"	5,000	"	Val. au 25. 9bre	36	18, 0
	"	2,175	.	Espèces	184	40, 0
Juillet	11	1,000	"	id.	173	17, 3
	16	1,500	"	id.	168	25, 2
	29	2,000	"	Val. au 30. 9bre	31	6, 2
Août	5	2,000	"	Espèces	148	29, 6
	6	2,500	"	id.	147	36, 7
	20	2,000	.	id.	133	26, 6
7bre	3	2,000	"	id.	119	23, 8
	"	"	.	Bet de 3000f payable le 10 février 1843	"	"
	16	1000	"	Espèces	106	10, 6
8bre	1	1725	"	id.	91	15, 6
	"	"	"	Bet de 2500f payable le 31 Mars 1843	"	
	29	1500	"	Espèces	63	9, 4
	"	"	"	Bon de 2000f payable le 25 avril 1843	"	
Xbre	1	682	60	Espèces	30	2, 0
	10	300	"	id.	21	6
	31	1649	60	id.	"	"
	"	200	"	id.	"	"
	"	"	.	Billet de 300f payable le 10 Mai 1843	"	
		240,451.	59.			5,155,
		7,055.	67.	Pr 4,233,403 N. Divisés par 6		
		2,351.	89.	Pr Comon à 1/2 % pr 3 mois		
		249,859.	15.			

Suite.

60,158	31	Balance des Nombres	922,373	
			4,233,403	
60,158.	31		5,155,776	
189,700.	84			
249,859.	15			

Doit M. Berthier et Cⁱᵉ, L/C. avec M[...]

1843		Francs	c.		Fº	
Janvier	1.	189,700.	84	Solde au 31 Xᵇʳᵉ 1842	365.	6,924,
	31.	500.	"	Espèces	334.	16,
Février	5.	300.	"	id.	329	9,
	10.	3000.	"	Billets du 3 7ᵇʳᵉ 1842	324	97,
	12.	1200.	"	Espèces	322	38,
	21.	1000.	"	id.	313	31,
Mars	3.	1602	50	id.	303	48,
	18.	300	"	id.	288	8,
	31.	2500	"	Billets du 1er 8ᵇʳᵉ 1842	275	68,
Avril	6.	200	"	Espèces	269	5,
	10.	500	"	id.	265	13,
	"	2204	65	id.	265	58,
	15	100	"	id.	260	2,
	20	1166	"	id.	255	29,
	22	218	50	id.	253	5,
	25	2000	"	Billets du 29 8ᵇʳᵉ 1842	250	50,
Mai	10	300	"	Billets du 31 Xᵇʳᵉ 1842	235	7,
	17	244	70	Espèces	228	5,
	26	82	25	id.	219	1,
	30.	255	"	id.	215	5,
Juin	6	13	25	id.	208	
	11	72	70	id.	203	1,
	19	102	40	id.	195	1,
Juillet	15	1034	"	id.	169	17,
	24	504	80	id.	160	8,
Août	2	1000	"	id.	151	15,
	4	334	"	id.	149	4,
	5	204	20	id.	148	3,
	10	75	"	id.	143	1,
	12	500	"	id.	141	7,
	19	100	"	id.	134	1,
	28	70	"	id.	125	
9ᵇʳᵉ	12	5,028	40	id.	49	24,
	"	977	50	id.	49	4,
Xᵇʳᵉ	31	29	"	id.	"	
	"	30	"	id.	"	
		217,449	69			7,520,
		12,188	90	Pʳ 7,313,341. N. divisés par 6.		
		4,062	96	Pʳ Comⁱᵒⁿ à 1/2 p % pʳ 3 mois		
		233,701.	55.			

M. Lefaure et Cie. arrêté au 31 Xbre. 1843.   Avoir.

1843						
anvier	31.	3,128.	50.	Pr. le 2e 1/2 de sa fourniture de Chaux en 7bre 1842	334	104, 493.
vrier	28.	1,769.	47.	Pr. ___ id ___ id ___ en 8bre. 43.	306	54, 145.
vril	30.	1,328.	12.	Pr. la 1re 1/2 de sa fourniture de 581.25 moellon, en Avril 43.	245	32, 538.
out	31.	1,328.	13	P. l'autre	122	16, 203.
				Balance des Nombres		7, 313, 341.
		7, 554	26.			7, 520, 720.
		226, 147.	29.	Balance pour solde à nouveau.		
		233, 701.	55.			

Doit   Mr Berthier et Cie L/C. avec M.

1844							
Janvier	1.	226,147.	29.	Solde au 31 X.^{bre} 1843	365.	8,254.	
Mai	6.	72.	49.	. Espèces	239.	1,	
Août	13.	197.	80.	id.	140.	2,	
		226,217.	57.			8,258,	
		13,764.	79.	P.^r 8,258,877. N. divisés par 6.			
		4,588.	26.	Pr Com^{on} a ½ p%/o pour 3 mois.			
		244,770.	62				

M.ᵐ Lefaure et Cⁱᵉ, arrêté au 31 Xᵇʳᵉ 1844.   Avoir.

ᵇʳᵉ	31.	244,770.	62.	Pour Solde à nouveau.

Doit   M. Berthier et Cie L/C avec N...

1845.						365.	8,934,
Janvier.	1.	244770.	62.	Solde au 31 Xbre 1844............................			
		14,890.	21.	Pr 8,934,127 nombres, divisés par 6			
		4,963.	40.	Pr Comon ā 1/2 p% pr 3 mois.			
		264,624.	23.				

M. Lefaure en Cie Arrêté au 31 Xbre 1845.   Avoir.

| .... | 31 | 264, 624. | 23. | Débiteurs pour solde au 31 Xbre 1845...... | | |

D'après le Compte qui précède Mr Lefaure oncle, doit restituer à la Caisse Sociale la Somme de Deux cent Soixante quatre mille Six cent vingt quatre francs, Vingt trois Centimes...... **264, 624. 23**

2° Celle de Vingt Six mille quarante trois francs douze Centimes pour la Chaux Comptée en trop à Berthier et Cie **26, 043, 12**

3° La Somme de Quarante Mille francs pour les immenses travaux de la Carrière des Montalais que Mr Lefaure a fait Supporter à la Caisse Sociale ...... **40, 000. "**

Ensemble Trois cent trente mille Six cent Soixante Sept francs trente cinq Centimes **330, 667. 35**

Lith. de Martinou, rue de la Paix 70 et 72, à Batignolles.